AF338361

LA RÉVISION

DE LA

CONSTITUTION

PAR

Emile LEFÈVRE

Auteur d'une

Réponse à l'enquête sur la crise économique qui sévit.

———

Prix : 60 c.

———

PARIS

DERVEAUX, ÉDITEUR

32, RUE D'ANGOULÊME-DU-TEMPLE, 32

1884

LA RÉVISION DE LA CONSTITUTION.

Telle a été ces temps derniers la question à l'ordre du jour, des Chambres et de l'Assemblée nationale.

Par quelle circonstance y est-elle venue?

Parce que, quand il y a crise, tout est crise et que chacun cherche dans la profession qu'il exerce, la cause du mal qui sévit.

Or, la Chambre des Députés, ou pour être dans le vrai, les membres de cette Chambre qui appartiennent à l'extrême gauche, étant presque tous avocats, ont cru trouver le remède à la crise dans la révision des lois constitutionnelles et ils la réclamèrent à cor et à cri.

Une fois déjà, en mars 1883, ils avaient tenté de l'obtenir et n'avaient pas réussi.

Or, si le proverbe : « La fin justifie les moyens », est vrai, ce serait leur faute.

Car il est temps, enfin, que ces Messieurs se pénètrent une fois pour toute de cette vérité : Que quiconque ne réussit pas dans une entreprise, ne doit s'en prendre qu'à lui-même et non aux autres. De deux choses l'une ; ou son but est irréalisable et alors il ne peut matériellement y parvenir ; ou, il est réalisable et, dans ce cas, s'il ne réussit pas, c'est qu'il s'est trouvé au-dessous de la tâche qu'il s'est imposée, et qu'il n'a pas eu le talent

1

nécessaire pour renverser les obstacles et pour convaincre ses adversaires.

Ces Messieurs, voulant tenter de nouveau d'obtenir la révision de la Constitution, devaient se rendre compte que le manque de réussite dans leur première tentative exigeait d'eux un effort quintuple de celui qu'ils avaient développé la première fois.

N'ayant pas entre les mains les documents relatifs à la première discussion, je vais examiner les actes des membres de l'extrême gauche depuis cette époque.

Quelques jours après cette première tentative, l'un des députés de ce groupe, M. Clémenceau, si je ne me trompe, a proposé à ses collègues d'organiser une ligue dite : *Ligue républicaine pour la révision de la Constitution*. Un manifeste signé de MM. Laurent-Pichat et Viguier fut lancé ; dans ce manifeste on y lit :

« Si le droit d'ouvrir la période électorale révision-
« niste est attribué, d'après la Constitution de 1875, au
« Congrès formé par la Chambre et le Sénat ; *c'est seu-*
« *lement à une assemblée spécialement élue pour cet objet*
« *qu'il appartient de rédiger une constitution.* »

Or, le premier devoir de Messieurs les Députés étant de donner l'exemple du respect des lois, la Constitution jusqu'à nouvel ordre faisant loi, ils doivent s'y soumettre. Si donc, dans leur opinion (car entre nous soit dit, la citation que je viens de faire n'est qu'une opinion) cette révision ne devrait être faite que par une assemblée spécialement élue à cet effet ; leurs efforts devaient donc se limiter à obtenir que l'article 8 de la Constitution actuelle, attribuant au Congrès le droit de révision, fût remplacé par un article déclarant que : *La Révision serait faite par une Assemblée constituante spécialement élue à cet effet.* Rien de plus !

Car :

Dépasser le but
C'est manquer la chose.

Et ce que l'on pouvait affirmer d'avance sans présomption, c'est qu'il arriverait ce qui est arrivé.

En effet, la question posée et limitée ainsi que je l'indique, l'opinion publique l'eût acceptée immédiatement, spontanément, par cette raison bien simple qu'elle pouvait embrasser d'un coup d'œil l'ensemble de la proposition. Tandis que Messieurs les Députés ligueurs en voulant en même temps déterminer les points principaux sur lesquels, à leurs yeux, devait porter la révision, tels que la suppression du Sénat : la masse, y voyant tout d'abord dominer l'esprit de parti, leur a demandé, ainsi qu'ils n'ont pu s'empêcher de le constater dans leur manifeste du 20 mars 1883 :

« Quelle révision demandez-vous ? où commencera-« t-elle ? où finira-t-elle ?

Et c'est cette incertitude qui faisait dire à M. C. Pelleton dans son rapport du 14 juin :

« Il est impossible d'indiquer nos forces par des chif-« fres précis. »

De plus, MM. les ligueurs, en outrepassant la limite que j'indique, s'arrogeaient d'avance le droit constituant, se désignaient et s'imposaient de fait; tout en écrivant dans leurs statuts :« La Ligue ne patronne aucun candidat dans les élections. »

Enfin à quel résultat est arrivé la ligue ?

Le 20 mars 1883 apparaît son manifeste, ses statuts et la formation de son bureau ;

Le 17 décembre, six mois après, renouvellement du bureau ;

Le 25 janvier 1884, une circulaire, émanant de la Commission exécutive, annonce une réunion générale pour le 30, avec l'ordre du jour suivant ;

1° Compte-rendu du meeting ;

2° Comment doit-être révisée la Constitution,

3° Cahier révisionnistes.

Le 10 mai 1884. — Une circulaire est envoyée aux

groupes, comités, etc, annonçant une réunion générale pour le 24 mai, dans laquelle il est dit :

« Permettez-moi d'insister sur l'importance qu'il y au-
« rait à répondre dans un bref délai à la circulaire que
« nous vous avons adressée le 15 janvier dernier, no-
« tamment au sujet du *mode de révision.* »

Plus loin :

« La constituante réclamée par notre *cher et vénérable*
« *vice-président*, le citoyen Barodet (soit dit en passant
« ces Messieurs se passent la main dans les cheveux,
« c'est du reste très naturel que M. Laurent-Pichat n'en
« ayant plus, passe la main dans ceux de M. Baro-
« det qui en a pour deux) est une assemblée dont la du-
« rée et les pouvoirs seront limités à l'élaboration de
« la nouvelle Constitution par conséquent parallèlement
« aux pouvoirs publics. » (C'est-à-dire qu'il existerait
trois assemblées lorsqu'on se plaint d'en avoir trop de
deux. (Que c'est intellement !).

« Votre bureau serait heureux de pouvoir résumer
« dans un travail d'ensemble votre opinion sur ce point
« spécial.

« La période critique est finie (erreur profonde, elle
« ne fait que commencer), puisque *personne* aujour-
« d'hui ne conteste plus l'urgence de la révision. »
(Quelle plaisanterie !).

« Il faut donc préparer *nos cahiers*, dire quelles sont
« les réformes que nous demandons et donner à nos
« *aspirations des formules simples et pratiques.* » (Alors
bien différentes de la présente circulaire).

« Avant tout il faut bien s'entendre » (tout le monde
n'est donc pas d'accord ?) « sur le moyen de réviser
« et de définir ce que l'on entend par Constituante. »
— (Il paraît que certains membres ne comprennent
pas le français).

« Nous ajouterons un mot encore, ce que nous de-

« mandons *ce n'est pas un plan complet de constitution*;
« le temps matériel manquerait sans doute, et un pareil
« travail ne devra être complet qu'à la veille de la no-
« mination de la Constituante ; mais ce qu'il est néces-
« saire de faire connaître, c'est l'avis des radicaux
« révisionnistes sur la Constituante et sur *trois ou*
« *quatre grandes questions* — lesquelles ? — qui doivent
« de suite différencier la politique autoritaire de la
« polittque des vrais républicains.

Signé LAURENT PICHAT.

Hélas ! citoyens, quel pathos !

La conclusion iniable est qu'au 24 mai 1884, c'est-à-
dire après quatorze grands mois ! les ligueurs n'é-
taient pas plus avancés que le premier jour, au con-
traire !

Et c'est avec de telles armes que MM. les Députés de
l'extrême gauche, avocats présomptueux, sans défiance
d'eux-mêmes, mais pleins d'audace, semblables à de
véritables « *Sire de Framboisy* », partent en guerre contre le Sénat, M. Clémenceau à leur tête, s'écriant à la
Chambre le 3 juillet 1884 : « Je tiens à aller au Congrès
« pour m'expliquer avec le Sénat sur les grands inté-
« rêts de la République !!! »

Ah Messieurs les Députés ligueurs ! A ce moment
que n'avez-vous suivi le conseil que notre spirituel
écrivain, M. Ernest Legouvé donnait à ses collègues de
l'Académie dans une de ses conférences parisiennes.

« Si vous sentez, leur disait-il, poindre en vous —
« quelque réveil de vérité, quelque velléité de préten-
« tion, prétention de force, prétention de succès, faites-
« vous photographier ! faites-vous photographier !
« La photographie est à la fois le portrait de notre
« figure et celui de notre *prétention*. Une bonne photo-
« graphie vaut *un examen de conscience*. Elle vous met

« sous les yeux plus d'un travers secret que vo us n'o-
« siez pas vous avouer vous-même; elle vous jette bru-
« talement votre âge au nez... »

M. le Président du Conseil des Ministres, instruit
mieux que jamais, de la valeur intrinsèque de ces ligueurs, croit devoir prendre les devants et dépose sur
le bureau de la Chambre un projet de révision. Mais
mauvais politique, ne voulant pas voir que le peuple,
le vrai peuple, qui ne conçoit que les choses grandes!
magistrales! veut une révision intégrale; ce projet, il
le limite, ne se rendant pas compte que l'étroitesse de
vue va le conduire fatalement, si le Congrès a lieu, à
une perturbation extrême dans les affaires.

En effet qu'allait être le Congrès et qu'a-t-il été ?

La représentation exacte de l'ancienne Assemblée
de Versailles, de triste mémoire, laquelle n'avait été
rien autre que l'image réfléchie de la Commune qu'elle
venait d'étouffer. Assemblée dans laquelle tous les sen-
timents de haine, toutes les passions les plus violentes,
les ambitions les plus viles s'y sont déchaînées; où il
n'y a manqué que le pugilat! Et encore!

Heureux que le peuple plus sage qu'aucun d'eux, sans
travail, lassé, surexcité! ne soit pas allé à Versailles
écrire une fois encore, sur la porte de cette Assemblée,
de sa main terrible sinon sanglante :

CHAMBRE A BALAYER !

Et sur qui donc doit retomber la responsabilité de tels
actes, si ce n'est sur ceux qui ont pris l'initiative d'une
révision, sans étude préalable, ni approfondie :

Les Députés de l'extrême gauche et le ministre assez
irréfléchi pour avoir proposé une révision dérisoire.

Je le répète, les députés devaient se concerter, et

en réponse au projet de M. J. Ferry, présenter un contre-projet demandant la réunion du Congrès dans le but que l'article 8 de la constitution attribuait à celui-ci le droit de révision, soit remplacé par un autre déclarant que la révision sera faite par une assemblée constituante élue à cet effet.

La révision n'a abouti qu'à donner plus de force au Sénat et à amoindrir la Chambre.

Que vont faire MM. les députés de l'extrême gauche ? Très vraisemblablement ce que l'un d'eux, M. Ed. Lockroy, disait à ses électeurs, lorsqu'il leur a rendu compte de son mandat dans la salle de concert de la rue de Lyon : *Protester !*

La belle affaire ! Il y a quatorze ans que vous ne cessez de protester sans aucun résultat !

Oh ! J'entends d'avance votre réponse :

Nos adversaires, direz-vous, ont pour eux la force ! contre laquelle il n'y a pas de résistance !

Vous me faites bondir !

Ah ! si Jules Favre, lorsque Bismarck avait l'impudence de lui dire : « La force prime le droit. » Avait eu la présence d'esprit de lui répondre : Eh bien ! l'adresse primera la force !

Qui sait si cette audacieuse réponse n'eut pas tout d'abord abaissé l'insolence de ce traîneur de sabre et ne l'eut pas fait réfléchir à deux fois avant de poursuivre sa conquête ; et si, d'autre part, il ne nous eut pas fait sortir de cette torpeur dans laquelle nous étions tombés et fait retrouver le chemin de la Victoire ! Tandis que nous n'en sommes sortis que quelques mois plus tard où alors, surexcités par la faim et la rage de notre impuissance, nous nous sommes rués les uns sur les autres ; en un mot, avons déclaré la guerre civile qui, en tout temps, n'a jamais eu et n'aura jamais d'autre devise que : le vol, le pillage, l'Incendie !

Eh bien encore faut-il le lui pardonner, car il n'était pas un enfant de Paris et il avait le droit d'ignorer que tout le mérite dans cette lutte, appelée l'adresse parisienne, ne consiste que dans l'art de savoir se servir davantage de la force même de son adversaire, plus que de la sienne propre, pour le terrasser.

Le dernier des gavroches eût été meilleur diplomate que lui.

Vous n'êtes que des maladroits et des présomptueux ; à peine maîtres du gouvernement, vous oubliez cette parole de ce rusé vieillard : « Au plus sage ! »

Est-ce qu'après le gouvernement du 16 mai renversé, M. Jules Grévy n'aurait pas dû, n'accepter la présidence qu'à la condition, non seulement d'une révision immédiate, mais bien qu'une constitution nouvelle fut élaborée ? Ou tout au moins, ne devait-il pas mettre immédiatement les ministres du gouvernement du 16 mai en jugement. Alors, ces ministres eussent été exclus du Sénat et ce Sénat ne serait pas au jourd'hui votre ennemi du parti-pris ? Non, vous avez espéré que la mort viendrait à votre aide !

Ces Messieurs ont mieux à faire aujourd'hui que de protester. Ils doivent tout d'abord reconnaître leurs propres fautes, puis les réparer en faisant ce que le dernier et le plus ignoré du délégué désigné par les groupes adhérents à la ligue, avait commencé par faire de sa propre initiative sans bruit, sans tapage.

Il avait commencé par rechercher toutes les diverses constitutions existantes ainsi que les commentaires relatifs à ces constitutions. Ainsi armé, il devait, lors d'une réunion générale du comité, leur soumettre sa

manière de faire et leur demander de lui venir en aide
pour réunir, compulser ces diverses constitutions et en
élaborer une nouvelle; lorsque, découragé par l'entê-
tement des quelques meneurs du groupe auquel il ap-
partenait, l'insouciance des autres membres, enfin par
le manque absolu de direction de la ligue, il donna sa
démission.

Or, j'affirme que ce délégué était dans le vrai, car
une chose quelconque ne peut être réputée mauvaise,
qu'à la condition *sine quoi non*, de l'avoir tout d'abord
comparée à une autre. Et c'est le manque de cet *esprit
de comparaison* qui a été la seule et véritable cause de
la non réussite de la ligue et par suite de la révision.

Je n'en veux citer que deux exemples.

Les promoteurs de la ligue, notamment M. Barodet,
réclament avant tout la suppression du Sénat et de la
présidence.

D'abord, soit dit en passant, M. Barodet, le plus
acharné de tous contre le Sénat, est celui qui doit à ce
Sénat le plus beau cierge !

Sans le Sénat, M. Barodet ne serait très probable-
ment pas député. Car, au moment d'une élection lé-
gislative dans je ne sais plus quel département, le
nombre des électeurs s'étant accru, il avait été ques-
ion d'en nommer deux au lieu d'un. A cette occasion
M. Barodet avait annoncé qu'il donnerait sa démission
afin que le IVe arrondissement de Paris eût deux représentants au lieu d'un; il avait même convoqué dans
une réunion, tous les députés de Paris pour qu'ils sui-
vissent son exemple. Le Sénat ayant rejeté la proposition, M. Barodet ne donna pas sa démission.

Eh bien ! que l'on se reporte à cette époque et l'on
reconnaîtra que l'opinion des électeurs avaient subi
un revirement, notamment à l'occasion des deux can-

didatures de M. Bouteiller : 1º comme député ; 2º comme de nouveau candidat au Conseil municipal ; élections qui venaient d'avoir lieu peu de temps avant. Et aux yeux de tout homme cloirvoyant il y avait toute probabilité que M. Barodet ne fût pas réélu : car, qu'il le sache bien, il n'est plus aujourd'hui, aux yeux des électeurs de Paris : « l'*Ancien Maire de Lyon* ! »

Et à ce sujet, je ne crains pas d'invoquer le témoignage des députés convoqués par M. Barodet, pour suivre son exemple et auquel aucun d'eux n'a donné son acquiescement.

Je reviens à la suppression du Sénat.

M. Ern. Lefèvre, député de la Seine, membre de la ligue révisionniste, dans un discours qu'il a prononcé au Havre en faveur de la révision, y disait : « Si le Sé- « nat se refuse à la révision en 1885, lors de l'élection « du Président de la Republique, le Congrès se réunira, « et là alors, nous le tiendrons acculé dans un coin. »

En cette circonstance, que M. Ern. Lefèvre me permette de lui dire : il vendait la peau de l'ours avant de l'avoir tué.

Pour mon compte personnel, je ne connais rien de plus dangereux qu'un, et *a fortiori*, plusieurs chiens enragés acculés dans un coin ; avant qu'ils ne soient tués, ils auront blessé plus d'un de leurs assaillants. Et l'on en a eu la preuve matérielle d'abord au Sénat, lors de la discussion de la proposition de la révision ; M. Buffet s'en est-il donné cœur-joie ? M. J. Simon a-t-il mordu à belles dents M. le Président du Conseil ? Et, à l'Assemblée de Versailles, ces mêmes hommes, auxquels s'est venu joindre M. Bardou et tant d'autres, s'en sont-ils privés ! et certes plus d'un député y a reçu des blessures mortelles !

Du reste, le temps comme la nuit porte conseil, et

certainement, M. Em. Lefèvre était beaucoup mieux inspiré, lorsque quelque temps après, sur l'objection de l'un de ses collègues, lequel n'admettait la suppression du Sénat, qu'à la condition de lui trouver un moyen à opposer à l'entraînement. M. Ern. Lefèvre donnait dans son journal *Le Rappel*, l'exemple de la Norwège si je ne me trompe, laquelle, de fait, n'a qu'une assemblée, mais, dont le quart des membres forme une chambre de révision, et quand il y a désaccord, l'assemblée se réunit alors tout entière et juge en dernier ressort. Eh ! c'est en effet ce qui est à faire !

Eh bien ! à la Chambre et au Congrès, M. Ern. Lefèvre a-t-il présenté un amendement dans ce sens?

Non ! il n'en a pas desserré les dents ! Cet amendement n'aurait-il pas été la réponse à la demande de garantie du Sénat ?

Pourquoi n'a-t-il pas eu le courage de son opinion, cette fois si juste ?

Lorsque M. Ern. Lefèvre rendra compte de ses actes à ses électeurs, viendra-t-il leur dire : J'ai cru devoir suivre la ligne de conduite que m'ont tracée mes collègues, Barodet, Anatole de la Forge, Corbon et autres, *m'abstenir* !

Dans ce cas, les électeurs n'auront-ils pas le droit de lui dire, ainsi qu'à ceux dont il a suivi l'exemple, cette parole de Fénelon : « Il faut craindre le danger, mais quand on y est, il faut le mépriser et le vaincre ! »

Or, vous qui, non seulement n'avez pas craint le danger, mais vous avez été au-devant ! lorsqu'il s'est agi de le vaincre, vous l'avez fui ! Vous avez manqué de courage !

Ceux de vos collègues qui ont soutenu la lutte, ont au moins pour eux, le droit de s'écrier : « Tout est perdu, fors l'honneur ! »

Mais vous ! vous avez démontré, jusqu'à la dernière évidence, que vous étiez au-dessous de la tâche que vous entrepreniez avec tant de forfanterie ! vous ne vous êtes donc pas montré à la hauteur du mandat que nous vous avons confié !

Qu'aura-t-il à répondre ?

Quant à la suppression de la présidence, je répondrais oui ! Si aujourd'hui les Etats-Unis d'Europe étaient un fait accompli, je répondrais encore oui ! même les Etats-Unis d'Europe n'existant pas, si, comme l'Amérique, la France pouvait se détacher du concert des nations européennes. Mais cela lui est impossible, d'abord, par sa position géographique, puis à cause des relations extérieures existantes que nous ne pouvons rompre. Par conséquent, tant qu'en Europe il existera : un empereur, un roi, que dis-je, l'ombre d'un roi ! un roitelet quelconque gouvernant une infime partie de l'Europe, ce roitelet étant l'expression mathématique du pouvoir personnel, la France doit avoir pour lui faire face, un Président qui, lui, doit être l'expression mathématique de l'autorité, car je ne me lasserai jamais de répéter, à l'unisson de M. Ern. Legouvé, ce que j'ai déjà dit dans ma réponse à l'enquête sur la crise économique qui sévit :

« Le pouvoir est un fait ; il agit par la force matérielle
« ou par la voie légale, mais il n'a que la valeur d'un
« fait ; ceux qui l'exercent n'ont pas besoin, pour l'exer-
« cer, de l'adhésion de ceux qui le subissent. Les uns
« pèsent, les autres plient et le pouvoir est complet. »

« Tout autre nous apparaît l'autorité. Elle est chose
« morale ; l'autorité s'exerce sur les âmes ; ni con-
« trainte, ni terreur ne la donne ; elle suppose la justice
« dans celui qui l'exerce, et le respect dans celui qui la
« subit ! Il lui faut le consentement de ceux qui se cour-
« bent sous son empire : elle suppose la vertu dans celui
« qui l'obtient, et la vénération dans celui qui l'ac-
« cepte. »

Enfin, d'autre part, est-ce bien la Présidence qui est le mal, ou bien ne sont-ce pas les Présidents qui, jusqu'à ce jour, n'ont pas été à la hauteur de la mission qui leur a été confiée?

Consultons l'histoire, comme le disait M. Clémenceau dans cette même réunion du Havre, mais ne faisons pas comme lui, ne la tronquons pas.

En 1848, nous avons eu d'abord pour premier Président M. de Lamartine, grand écrivain, grand orateur, mais d'une ignorance complète en fait de gouvernementarisme : la preuve, c'est que son nom est tombé dans l'oubli.

Pour second Président, le général Cavaignac, un soldat qui, après avoir réprimé la révolution de juin, n'a pas su réprimer la réaction.

Après lui, le prince Louis-Napoléon, ex-policeman de Londres, un aventurier, un usurpateur.

L'empire tombé, apparaît M. le général Trochu, Président du Gouvernement de la Défense Nationale, dont le premier acte a été son testament. N'était-il pas mort d'avance !

L'armistice signée, survient M. Thiers; c'était certainement de tous, le plus habile politique, aussi n'est-il tombé que lorsque la constitution de 1871 fut remplacée par celle de 1875. C'est donc la situation faite par cette dernière au Président de la République qui est à réviser, et non la Présidence elle-même à supprimer, la preuve iniable est dans la lettre adressée par M. Jules Grévy, le 4 septembre 1884, en réponse à celle de M. Barodet, dans laquelle il y dit :

« J'ai transmis votre lettre à M. le président du Conseil du Ministre, *ne pouvant y répondre personnellement, sans sortir de la réserve constitutionnelle qui m'est imposée.* »

M. le maréchal Mac-Mahon remplace M. Thiers, qu'était-il?

Un homme d'aucune valeur politique, abandonnant toute la direction des affaires aux ministres.

Le gouvernement du seize mai renversé, M. Jules Grévy est nommé Président, qu'est-il ?

Un homme ayant les défauts de MM. Trochu et Mac-Mahon sans en avoir les qualités. En effet, comme je le dis plus haut, M. le général Trochu fait son testament; M. Jules Grévy n'admet pas la présidence, comment peut-il remplir une fonction qu'il n'admet pas? La conséquence immédiate est que, semblable à M. le maréchal Mac-Mahon, il abandonne complètement la direcion des affaires aux ministres. Et pour en justifier les résultats je citerai, l'article de M. Auguste Vacquerie dans le journal *le Rappel* du 14 septembre 1884, sous la rubrique l'*Optiminisme*, commençant ainsi :

« Il y a ce matin Conseil des Ministres, non pas à l'Elysée comme on l'avait cru, mais au ministère des affaires étrangères. M. J. Grévy est resté à Mont-sous-Vaudrey. On avait dit qu'il reviendrait pour présider le Conseil, mais il n'a pas jugé que ça valût la peine de se déranger. Notre opinion sur la Présidence de la République fait que nous ne reprocherons jamais à un Président d'en démontrer l'inutilité; *pourtant M. J. Grévy pousse peut-être un peu loin l'abnégation*, en n'ayant même pas la curiosité de ce que peuvent se dire ses ministres au sujet d'affaires comme celles de la Chine. »

Plus loin :

« M. J. Grévy fait une aimable variante à deux vers qu'a chantés la révolution de juillet. »

> C'est par le lapin qu'il commence
>
> C'est par les lapins qu'il finit.

« Laissons donc notre gouvernement nous conduire au but qu'il s'est fixé, ne nous mêlons pas de nos affaires, que les représentants du pays et le pays lui-même soient comme s'ils n'étaient pas. Il n'y a chez nous qu'un sort à plaindre: c'est celui des quadrupèdes auxquels le chasseur de Mont-sous-Vandrey a déclaré l'état de représailles. C'est bien fâcheux pour eux, *mais il est bien flatteur pour la France* d'avoir en même temps, à la tête de sa flotte un tireur comme l'amiral qui a foudroyé Fou-Tcheau et *à la tête de son gouvernement, un tireur comme le Courbet des lapins.*

Mais au moins, les deux Présidents qui l'ont précédés étaient-ils bons et généreux, tandis que M. J. Grévy oublie de l'être.

J'ai donc parfaitement raison de dire qu'il faut s'en prendre aux hommes et non à la présidence elle-même.

Je me résume, si les députés veulent poursuivre à nouveau la révision de la constitution par la ligue, il faut qu'ils commencent par s'entourer d'hommes intelligents, autres que les *tres chers et très vénérés* présidents, vice-présidents, secrétaires, trésoriers, et membres de la commission exécutive actuellement à la tête de la ligue, car jamais au grand jamais, une société, un groupe d'hommes quelconque, ne périclitent par la faute du dernier de ses membres, mais bien par celle de ceux qui sont à sa tête. Ce choix fait, que ces hommes nouveaux réunissent entre leurs mains toutes les constitutions anciennes et modernes, ainsi que leurs commentaires; qu'ils les comparent entre elles; puis appellent au milieu d'eux les jurisconsultes les plus éminents, et élaborent avec ceux-ci une nouvelle constitution.

Mais ces députés ligueurs ayant démontré de la manière la plus péremptoire leur incapacité; de plus ces recherches et ces études demandant un temps matériel fort long, et une persévérance à toute épreuve dont ils ne sont pas doués. Il ne leur reste qu'un seul moyen de sauver au moins les apparences;

Celui de se concerter pour réclamer du gouvernement de faire élaborer, par le Conseil d'Etat, une constitution, laquelle serait discutée et votée par une assemblée constituante élue à cet effet.

Le feront-ils? *That is the question !*

CE QUE MESSIEURS LES DÉPUTÉS

ONT DE MIEUX A FAIRE.

Messieurs les députés, chacun dans leur for intérieur, sont tous convaincus d'avoir fait humainement tous leurs efforts pour arriver au bien, et pourtant ils n'ont satisfait personne, pas même eux. Ils ont, pendant trois années, justifié cette parole d'un avocat :

« Que rien n'est plus ordinaire que de faire le mal, « et que nous sommes en ce monde, non pas pour nous « aimer, mais pour nous battre. »

Ils ont encore devant eux, un an avant les futures elections législatives. Or, en un an, on peut racheter bien des fautes, à la condition toutefois de le vouloir.

Si j'ai frappé avec énergie, ceux qui, ayant pris l'initiative de la révision, n'ont pas su la mener à bonne fin ; mon but étant de leur faire ressortir leurs fautes, afin qu'ils réparent le mal qu'ils ont fait (involontairement, je le veux bien, mais qu'ils n'ont pas moins fait); ce but ne serait pas atteint, si je ne leur indiquais pas les véritables réformes à faire ainsi que les moyens de les réaliser.

J'ai dit, en commençant, que quand il y a crise, tout est crise, et que chacun cherche dans la profession qu'il exerce, la cause du mal, et qu'en la circonstance présente, MM. les députés-avocats avaient cru trouver le remède dans la révision des lois constitutionnelles.

Voyons donc si réellement cette pensée est juste.

Qu'est-ce qu'une Constitution?

L'instrument gouvernemental.

Eh bien! dans mon enfance, lorsque j'apprenais à écrire, je n'avais pas un amour profond pour ce travail, et j'avais trouvé un moyen pour m'en dispenser : ma plume crachait!

Un bon oncle remplissant auprès de moi les hautes fonctions de tailleur de plumes (à cette époque, je parle de longtemps, les plumes métalliques n'étaient pas encore inventées), me répondait: C'est bien là les mauvais ouvriers qui ne trouvent jamais le moyen de se servir de leurs outils, quelques bons soient-il, tandis que les bons ouvriers, avec de médiocres outils, font des chefs-d'œuvre.

La Constitution est défectueuse, c'est vrai! Mais est-elle en mauvaises mains?

Si le Président actuel n'a que ce seul mérite, d'être incapable de la tourner au préjudice de la République, que l'on en profite donc pour rechercher ailleurs les remèdes à apporter à la crise.

Quand vous aurez un instrument bien affilé et que vous n'aurez pas de pain à couper, à quoi vous servira-t-il si ce n'est à mourir de faim à côté, ou à vous entr'égorger! D'autant plus que les instruments politiques sont, et seront encore longtemps, des armes à deux tranchants dont il faut apprendre le maniement, si l'on ne veut pas s'en servir contre soi-même.

Que MM. les Députés cherchent donc ailleurs que dans la Constitution le remède réel au mal.

On dit avec raison :

« Quand il n'y a pas de foin au râtelier, les animaux se battent. »

Qu'est-ce qui fait défaut ? L'argent !

Qu'ils recherchent donc les moyens de nous procurer ce vil métal si nécessaire !

Tout d'abord, ces Messieurs doivent se préoccuper d'alléger les charges de tous par une répartition équitable de l'impôt.

L'on a discuté à la Chambre des Députés, la péréquation de l'impôt à laquelle le journal *Les Débats* répondait que, pour la réaliser, il fallait tout d'abord réviser le cadastre.

Or, j'ai donné, dans ma réponse à l'enquête sur la crise économique (1), le moyen de le faire. Qu'ils présentent donc le projet de loi que j'y joins, rectifié, complété ? Mais, qu'ils y prenent garde !

« Défiez-vous de vous-même comme de votre plus dangereux ennemi, » a dit Fénelon.

Ces Messieurs se trouveront en face d'adv ersaires sérieux, le seul exemple de la ville de Paris que je cite, ne leur suffira pas. Pour convaincre, ces adversaires il en faut d'autres dans une brochure, restreinte à quelques pages, l'on ne peut produire tous les faits, ni répondre à toutes les difficultés pratiques que cette immense question va soulever. Et avant, de le présenter, faut-il que Messieurs les Députés prennent conseil d'hommes pratiques.

Mais admettons la révision du cadastre votée. Doivent-ils attendre qu'il soit exécuté en entier pour en tirer toutes les conséquences ?

Non ! il faut que, concurremment à ce travail au fur et à mesure de son exécution, ils sachent en tirer

---

(1) Voir la brochure *Enquête économique.*

chaque jour une nouvelle réforme qui, non seulement, viendra tout d'abord accélérer l'achèvement de ce premier travail, mais encore procurer d'autres allègements aux charges de tous.

C'est ce que j'ai annoncé et que je donnerai avant peu.

A M. EDOUARD LOCROY,
DÉPUTÉ DU XIe ARRONDISSEMENT.

Je ne saurais terminer cet écrit, sans rappeler à M. Ed. Lockroy divers faits qui se sont passés à la réunion des électeurs du xi° arrondisssement dans la salle de concert de la rue de Lyon; réunion dans laquelle il a rendu compte de son mandat.

Après vingt-cinq minutes passées à la formation du bureau, un ouvrier a demandé la parole pour une motion d'ordre et est venu exprimer le désir que M. Ed. Lockroy voulût bien être concis dans l'exposé du rendu de compte de son mandat, afin que les électeurs eussent le temps de lui poser des questions.

Cette motion fut tournée en ridicule par M. Lockroy lui-même, qui n'en tint pas compte. Il mit, montre en main, vingt minutes à dire qu'il avait réuni ses électeurs rue de Lyon, parce qu'on lui avait refusé un préau d'école.

D'abord qu'avait-il besoin de demander à l'autorité, ou pour mieux dire : au pouvoir, un préau d'école quand il savait d'avance qu'il lui serait refusé? Pourquoi donc en avoir fait la demande?

Enfin, cinq minutes eussent suffi pour dire aux électeurs : « L'Administration m'ayant refusé un préau, j'ai dû, à mon regret vous réunir dans cette salle. »

Ces vingt minutes écoulées, dont quinze en pure perte, M. Lockroy a mis une heure et demie à raconter ce qui s'était passé à la Chambre au sujet de la révision, s'appliquant surtout à rejeter sur les ministres et les députés qui ne partagent pas son opinion les fautes commises, convaincu que lui seul a bien fait. De sorte qu'il était plus de onze heures, que personne autre que lui n'avait pu prendre la parole.

Eh bien ! je dis qu'il a eu tort de rejeter la motion de cet ouvrier. Car, que venait faire M. Lockroy ?

Exposer, comme je l'ai dit, les discussions de la Chambre et ses votes. Mais il n'y avait pas un seul des électeurs présents, qui n'ait lu, dans les journaux, ces discussions, et ne sût comment M. le député Lockroy avait voté.

C'était donc, de sa part, développer trop de luxe de paroles pour des faits connus de tous; un exposé clair et précis eût donc suffi, et les électeurs eussent eu le temps d'exposer et de discuter entre eux et lui, ce qui restait à faire; et c'est ce que M. Gelez a voulu dire lorsqu'il demandait que M. le député Lockroy réunisse ses électeurs au moins une fois par mois.

M. Gelez, comme cet ouvrier, s'exprimait d'une manière défectueuse, mais le fonds de la pensée était très juste; il a certainement voulu dire : Que tout homme aujourd'hui qui gouverne quelque chose ou quelqu'un, a besoin d'un apprentissage nouveau et se trouve en face de difficultés inconnues. Or, pour vaincre ces difficultés inconnues, il n'y a que l'instruction mutuelle, et cette instruction, vous ne la trouverez que dans les réunions publiques.

Donc, M. Gelez, au fond, avait parfaitement raison de demander au député Lockroy de faire des réunions publiques plus fréquentes.

D'autre part, comme l'a écrit un de nos contemporains :

« Le peuple est une énigme pour les hautes classes.
« Comment en serait-il autrement, puisqu'il est une
« énigme pour lui-même ! Il faut cependant la deviner,
« cette énigme, le salut de l'avenir est peut-être à ce
« prix ! Or, il n'est qu'une manière de le comprendre,
« c'est de se faire peuple soi-même ! »

Et pour cela, quand un ouvrier vient vous demander
de daigner l'écouter, au lieu de le tourner en ridicule,
le devoir d'un député plus que tout autre est (ainsi que
je l'ai dit dans ma réponse à l'enquête), de retourner en
tous sens ce dire défectueux en sa forme, de pénétrer
jusqu'au fond de sa pensée, de rechercher dans ses ex-
pressions incomplètes, parfois même si opposées à ce
qu'il veut dire, le vrai, le juste, et le lui faire ressortir.

En un mot, pour mieux rendre ma pensée :

Dans une réunion publique, un député n'est pas à la
Chambre, où là, il défend hautement les droits de ses
mandataires. Il est en face de ses mandataires eux-
mêmes, et après avoir exposé sa conduite à la Chambre, il doit descendre de la tribune et aller s'asseoir
au milieu du peuple en lui disant :

« A ton tour de me juger, moi de t'écouter et de pui-
« ser dans ton dire, le moyen de mieux faire que je n'ai
« fait. »

Et non rester à la tribune pour y mendier un vote de
confiance.

Au lieu de cela, Messieurs les députés (car M. Ch.
Lockroy n'est malheureusement pas le seul à le faire)
portant tous, d'une mine haute, leur sept cent-cinquan-
tième part de souveraineté, viennent trôner et gourman-
der les hommes d'Etat à une tribune au bas de laquelle
est réservée une petite estrade pour les électeurs, .es-

rade comparable aux tabourets du temps jadis des cours.

Ils viennent à cette tribune, escortés d'une suite de personnages que l'on ne saurait mieux comparer qu'aux chevaliers du lustre au théâtre, chevaliers desquels, madame Ristori disait avec raison : « Ils vous cachent le public, je ne sais plus où il est. Or, c'est lui que je veux voir ; c'est à lui que je veux avoir affaire ! »

Prenez-y garde, Messieurs les députés ! défiez-vous de ces entourages.

C'est l'entourage de M. Gambetta qui, lors des élections, ayant formé en *pleine période électorale* une réunion privée pour lui seul, l'a perdu.

C'est votre entourage, M. Ed. Lockroy, qui le surlendemain de la réunion de Belleville, en formait une au Cirque d'hiver, pour vous et M. Ch. Floquet seuls ; réunion de laquelle vous avez dû vous retirer sans avoir pu y prononcer un seul mot !

Que M. Ed. Lockroy me pardonne ma hardiesse d'aller jusqu'à lui donner des conseils.

C'est dans l'espoir qu'il donnera un démenti à ce dicton :

Que les conseils sont faits, moins pour être écoutés par qui les reçoit, que pour la satisfaction de qui les donne.

Un électeur du XIe arrondissement.

AUX ELECTEURS !

Quand donc, Messieurs les Electeurs, ne vous laisserez-vous plus leurrer de vaines promesses?

Quand donc cesserez-vous de vous engouer de tel ou tel?

Il est pourtant un moyen bien simple:

Lors des futures élections, lorsque tous ces hommes présomptueux vous auront étalé leur programme, véritable tartine ayant plus de beurre que de pain, dites-leur ceci:

Votre programme est splendide, une fois réalisé, tout sera pour le mieux et dans le meilleur des mondes possibles; demain nous vous nommerons député; après demain, par un hasard tout providentiel, M. le président de la République se réveille du côté gauche, y trouve votre programme, vous fait appeler dans son son cabinet et vous dit:

Votre programme est une véritable panacée universelle, je vous fais ministre!

Eh bien! après demain, alors ministre, que ferez-vous?

Par quel bout commencerez-vous?

Par quel bout finirez-vous?

Quel moyen emploierez-vous pour y parvenir?

Soyez certains que sur cent candidats, quatre-vingt-dix-neuf, si ce n'est cent un, se retireront.

Mais alors, me direz-vous, comment ferons-nous?

Vous ferez comme jadis, feu Diogène, vous prendrez une lanterne, vous ne ferez pas comme les gens de Falaise; vous y mettrez une chandelle, vous l'allumerez, la fermerez de crainte qu'elle ne s'éteigne, vous mettrez force bésicles sur vos nez et vous chercherez de véritables hommes.

Car, sachez-le, ceux-là sont trop modestes pour avoir l'audace de se présenter et trop fiers pour venir mendier au pied d'une tribune, 25 francs par jour (plus leur transport gratis en chemin de fer lorsqu'il leur plaira, comme à certains, d'aller voir à Londres si Paris brûle) pour avoir l'honneur de NE PAS vous représenter.

Paris. — Imp. typ. de M. Décembre, 326, rue de Vaugirard.